Loslassen

POESIE ÜBER LIEBE, SCHMERZ UND HEILUNG

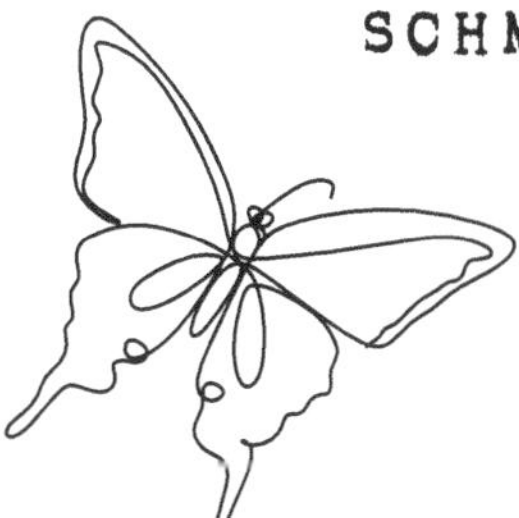

MELISSA EBELING

Dieses Buch ist mein Geheimnis.
Mein Innerstes.
Meine Wahrheit.
Meine Reise durch alle Phasen, die ich erlebt habe.
Hier ist kein Platz für Hass. Denn Hass ist schwer.

Und wir wollen loslassen, was zu schwer ist.

Lektorat und Korrektorat: Oliver Beck
Umschlaggestaltung: Denise Gahn Satz und Layout: Denise Gahn

ISBN eBook: 978-3-910258-30-3
ISBN Taschenbuch: 978-3-910258-31-0
ISBN Hardcover: 978-3-910258-32-7

www.verlagshaus-stopfer.de

INHALT

Einleitung	7
Wir	9
Die Trennung	29
Das Vermissen	39
Die Trauer	51
Die Leere	63
Die Wut	75
Loslassen	83
Die Heilung	89
Der Abschied	95
Der innere Frieden	109
Narben – Angst	117
Die Stärke	123
Selbstliebe	133
Neue Liebe	151
Schlusswort	164
Impressum	165

EINLEITUNG

Wie lasse ich los?

Wie lasse ich etwas los, das ich nicht loslassen will?
Gar nicht. Denn das ist der erste Schritt.
Du musst bewusst die Entscheidung treffen,
loslassen zu wollen.
Deinem Leiden ein Ende zu setzen.
Wenn du diese Entscheidung getroffen hast,
dann hast du den Anfang gemacht.
Danach trittst du deine eigene,
ganz individuelle Reise an.
Du erlaubst dir deinen Schmerz zu fühlen
und zu verarbeiten. Du behandelst deine Wunden.
Bis sie heilen.
Und während dein Herz und deine Seele heilen,
lässt du los.

WIR

Lange Zeit dachte ich, wir wären füreinander bestimmt. Unsere Liebe war so außergewöhnlich, dass es kein Zufall sein konnte. Dieses Gefühl in mir konnte kein Zufall sein. Ich war mir sicher, dass du der Mensch bist, den ich für immer lieben würde. Mit dem ich alt werden würde. Wir hatten viele Herausforderungen, aber ich habe nie einen Gedanken daran verloren, dass es enden könnte. Für mich war es endgültig.

Ich würde dich für immer lieben.

MEIN TAG

Wenn man mich fragen würde,
wie sehr ich dich geliebt habe,
dann würde ich antworten,
dass du mein Tag warst.
Denn du warst jede Stunde,
jede Minute
und jede Sekunde
von mir.

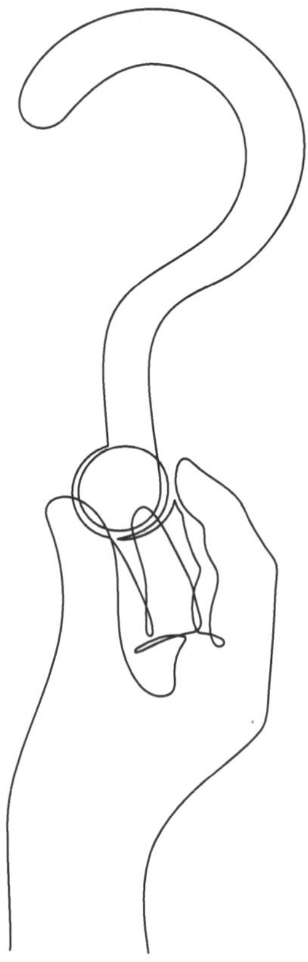

WAS DU WOLLTEST

Ich war das, was du wolltest.
Nicht das, was brauchst.
Und ich denke
bis heute
weißt du das nicht genau.

Ich war der Mensch, den du liebst.

Aber nicht der Mensch, den du brauchst. Ich dachte, es gäbe keinen Unterschied dazwischen. Heute weiß ich es besser. Wir können einander lieben und dennoch verschiedene Bedürfnisse haben, denen wir nicht gerecht werden können.

KEINE ANTWORT

Du konntest mir
keine Antwort geben
auf die Frage, welches Leben
du dir mit mir vorstellst.
Und ich habe mich gefragt,
wie du das aushältst
einfach loszurennen
ohne dein Ziel zu kennen,
ohne dass du dir selbst
jemals diese Frage stellst.

PASSEN

Was, wenn ich dich nicht vergessen kann,
denn, immer wenn ich kurz davor bin, dann
stehst du vor mir
und tust so als wärst du nie hier
weg gewesen.
So als könntest du meine Gedanken lesen.
Denn immer, wenn ich kurz davor bin zu gehen,
wenn ich denke, es ist Zeit dich loszulassen,
gibst du mir das Gefühl, es könnte doch passen.

**Ich habe es geliebt mir vorzustellen von dir
so geliebt zu werden wie ich dich geliebt habe.
Aber das war nicht die Realität. Immer, wenn ich
gehen wollte, hast du gesagt, du änderst dich.
Es ist schon traurig, dass ich dir immer wieder
geglaubt habe.**

WARTEN

Ich habe lange auf dich gewartet.
Und immer, wenn ich damit aufhören wollte,
habe ich mir vorgestellt,
dass es ja vielleicht doch klappen könnte,
wenn ich nur lang genug warte.
Also habe ich wieder gewartet.

Der traurigste Moment war der, in dem ich realisiert habe, dass es vorbei ist, bevor es vorbei war. Ich wusste es in dem Moment einfach. Ich wusste, auch wenn nichts ausgesprochen war, dass es kein Zurück mehr gab.

WEIL ICH DICH LIEBE

Heute möchtest du allein sein.
Du brauchst Zeit für dich.
Es ist okay.
Weil ich dich liebe.

Heute war nicht dein Tag.
Du lässt das an mir aus.
Das ist okay, weil ich dich liebe.

Du hast dich gestern Abend nicht mehr gemeldet,
weil du keine Zeit hattest.
Aber das ist okay.
Weil ich dich liebe.

Ich bin dir heute viel zu laut.
Ich soll ruhiger sein.
Und das ist okay.
Weil ich dich liebe.

Du fragst mich, warum ich heute so still bin.
Sonst bin ich viel lustiger.
Und es ist okay.
Weil ich dich liebe.

Du brauchst heute etwas Abstand.
Ich soll dir nicht so nahe kommen.
Aber das ist okay.
Weil ich dich liebe.

Du fragst mich, warum ich auf Abstand gehe.
Du wünschst dir mehr Aufmerksamkeit.
Und es ist okay.
Weil ich dich liebe.

Letztendlich ist alles okay,
weil ich dich liebe.

Jahrelang habe ich mir das gesagt.
Immer und immer wieder.
Aber es ist nicht okay und es war nie okay
und es wird nie wieder okay sein.
Und weißt du wieso?

Weil ich ab jetzt mich liebe.

Ich bin nicht gegangen, weil ich dich nicht mehr geliebt habe. Ich bin gegangen, weil ich dich zu sehr geliebt habe. So sehr, dass keine Liebe mehr für mich selbst übrig war.

NICHT GENUG

Du hast mir das Gefühl gegeben,
nicht genug zu sein
und das ist der Grund, warum selbst perfekt sein
für immer nicht gut genug bleibt.

Ich habe alles versucht, um so von dir geliebt zu werden, wie ich dich geliebt habe. Doch es hat nie gereicht. Und immer war ich der Grund, dass es nie gereicht hat. Ich habe mir die Schuld gegeben dafür nie genug für dich zu sein.

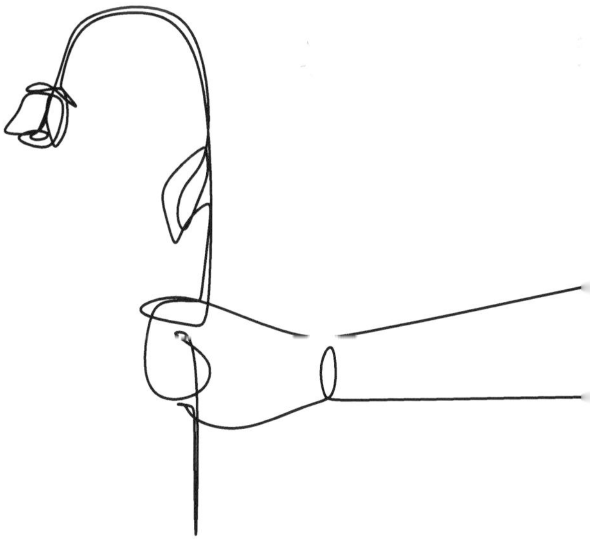

STILL

Für dich war ich zu laut,
für dich wurde ich leise.
Bis ich irgendwann still war
und du dir sicher,
dass ich bleibe.

Du wusstest, dass ich alles tun würde, was du mir sagst. Dass ich dir alles geben würde, was du brauchst. Weil du wusstest, dass ich um jeden Preis verhindern wollte, dich zu verlieren.

DEINE FRAU

Sie war bereit, deine Frau zu werden.
Sie hat zu jedem Zeitpunkt
vor, neben und hinter dir gestanden.
Auch, nachdem sie wusste,
sie würde diese Rolle niemals einnehmen.
Sie hat mit ihrer grenzenlosen Loyalität
ihr gebrochenes Herz
und ihre verlorenen Träume ignoriert,
um weiterhin
vor, neben und hinter jemandem zu
stehen,
der all diesen Schmerz verursacht hat.
Der nicht so lieben konnte wie sie.
Der nicht bereit war
vor, neben und hinter ihr zu stehen.
Egal zu welchem Zeitpunkt.

„Ich bin unglücklich."
Ich kann nicht glauben,
dass ich es ausgesprochen habe.
Du schaust mich an.
„Wenn du unglücklich bist,
müssen wir es beenden", entgegnest du mir.
Ich sage, dass wir es nicht beenden,
sondern an uns arbeiten müssen.
Eine Lösung finden können.
Doch für dich gibt es keine Lösung.
Und das ist deine Lösung.
Weil du weißt, dass ich mich am meisten
davor fürchte, dich zu verlieren.
Dich zu verlieren würde mich umbringen,
ich bin mir sicher.
Also entschuldige ich mich für mein Verhalten,
ich nehme das Gesagte zurück.
Dass es nur ein schwacher Moment war,
in dem ich so gefühlt habe.
Du hast gehört, was du hören wolltest.
Ich habe gesagt, was ich sagen sollte.

Und sterbe innerlich ganz leise ein weiteres Mal.

DU SAGST

Du sagst du liebst mich,
siehst zu wie mein Herz bricht.
Doch, wenn das deine Art zu lieben ist,
frage ich mich wirklich wie du bist,
wenn du sagst du liebst nicht.

Du hast mich geliebt. Auf deine Art.

EINSAM

Als ich alleine war,
habe ich mich zu keinem Zeitpunkt
so einsam gefühlt
wie mit dir.

Wenn ich etwas falsch gemacht habe, hast du mich spüren lassen, dass du dich von mir entfernst. Du hast mich emotional von dir weggestoßen, mein Herz vor verschlossener Tür erfrieren lassen.

Ich will gehen.
Du schaust mich an. Du schreist. Du weinst.
Du wirfst dich auf den Boden.
Du hast so hart an dir gearbeitet.
Mein Herz bricht.
Was bin ich für ein grausamer Mensch,
dass ich dir das antue.
Ich bleibe.

Wir drehen uns im Kreis.

STEHENBLEIBEN

Du kannst auch
mit jemandem stehen bleiben,
der immer wieder
zu weit geht.

Ich bin bei dir geblieben, obwohl ich wusste,
dass ich dich mehr liebe als du mich.
Ich habe dich geliebt, obwohl ich wusste,
dass du mir das Herz brechen wirst.

WEITER

Du bleibst nicht stehen,
du drehst dich immer weiter.
Und hin und wieder
lässt du mir etwas Leid da.
Ich würd' gern schreien,
weil ich so leide.
Ich lass es sein.
Ich bin nicht gern allein.

Du hast jede Entscheidung getroffen. Ich hatte keine Wahl. Dein Wille war Gesetz. Ich habe aus Liebe akzeptiert. Denn jeder Schmerz, den du in mir verursacht hast, war nicht mehr existent bei dem Gedanken daran, dass ich dich verlieren könnte, sollte ich meine eigenen Entscheidungen treffen.

MACHT

Du hattest die Macht über mich,
du konntest entscheiden,
ob ich glücklich sein oder leiden sollte.
Es war dir egal, was ich wollte.
Du wusstest genau,
dass du mein Herz in der Hand hast.
Und, dass du mit nur einem Wort
meinen Tag zur Nacht machst.
Und, dass du der einzige bist,
der das schafft.

**Als ich gemerkt habe, dass ich dich liebe,
war es schon viel zu spät.
Du hieltest mein Herz in deiner Hand und
es sollte ab dem Zeitpunkt nur noch für dich
schlagen. Etwas anderes hättest du niemals
akzeptiert. Also hieltest du es fest. Du sagtest
mir, du würdest das tun um es zu schützen.
Und du hieltest es immer fester. Bis es irgendwann
keine Kraft mehr hatte für dich zu schlagen.**

HALT

Du hattest keinen,
also gab ich dir meinen.
Du hattest meinen.
Ich hatte keinen.

Ich gab dir all meine Kraft um dich zu stärken.

Bis nichts mehr davon übrig war.

BLEIBEN ODER GEHEN

Bleiben oder gehen?
Bleib' ich, bleib' ich stehen.
Doch geh' ich,
eins ist sicher,
wirst du mich nie wieder sehen.

**So wie es war, konnte es nicht weitergehen.
Wir hatten uns festgefahren.
Wir hatten keine Lösung.
Ich wusste, wenn ich gehen würde,
gäbe es keinen Weg mehr zurück.**

Die Trennung

Es ist vorbei.

Du hast es ausgesprochen und mir deine Wohnungsschlüssel in die Hand gedrückt.
Dieser Moment fühlt sich unwirklich an.
Wir sitzen im Büro, uns trennen nicht einmal zwei Meter.
Es ist Sonntagnachmittag, 14. Juli, die Sonne scheint und in wenigen Sekunden wird ein Brautpaar eintreffen, um mit mir ihren größten Tag im Leben zu planen.
Ihr Fest der Liebe.
Ich bekomme keine Luft. Kann keinen klaren Gedanken fassen. Fühle mich wie betäubt.
Ich weiß, dass du das getan hast, weil du denkst, dass es ein Zurück gibt. Wie jedes Mal.
Doch ich weiß in diesem Moment, dass es endgültig ist.
Es klopft an der Tür. Ich schaue dich an, nehme meine Unterlagen und mache mich auf den Weg zu meinem Termin.

„Herzlich willkommen. Schön, dass Sie da sind. Ich bin mir sicher, zu Ihrer Hochzeit scheint die Sonne genauso schön wie heute. Sie haben sich den perfekten Tag ausgesucht, um Ihren großen Tag zu planen.“

Der Tag, an dem mein Herz gebrochen ist.

TAG 1

Tag 1 nach Dir.
Ich habe nicht geschlafen.
Habe auch nichts gegessen, ich habe Steine im Magen.
Will das alles hier nicht wahrhaben.
Tag 2
Ich habe gedacht du meldest dich.
Ich habe gedacht du vermisst mich.
Aber du meldest dich nicht.
Tag 3
Ich habe so viel geweint,
man könnte meinen,
ich habe keine Tränen mehr.
Tag 4
Ich habe mir alle Nachrichten durchgelesen,
man könnte wirklich denken,
wir sind glücklich gewesen.
Tag 5
Ich schaue mir unsere Bilder an.
Und sage mir immer wieder, dass das nicht sein kann.
Tag 6
Immer noch kein Zeichen von dir.
Ich fange an zu begreifen, dass ich dich verlier'.
Tag 7
Hab' das Gefühl,
dass unser Für Immer jetzt Geschichte ist.
Hab' das Gefühl, dass du jetzt Geschichte bist.

Es fühlt sich so unwirklich an. Ich will nicht wahrhaben, was gerade um mich herum passiert. Meine Welt ist stehengeblieben in dem Moment, in dem du unsere Trennung ausgesprochen hast. Aber jeder Mensch um mich herum verhält sich so als wäre nichts passiert.

Wie kann sich diese Welt einfach weiterdrehen?

DIE WELT STEHT STILL

Wenn du einen Menschen verlierst,
der dir die Welt bedeutet hat,
dann steht diese Welt still.
Das Leben geht weiter, natürlich.
Doch es ist schwer daran zu glauben.
Denn alles um dich herum bewegt sich,
nur du nicht.

Das Schlimmste ist, dass all das, was wir uns aufgebaut haben, gerade vor meinen Augen zerbricht und ich nicht weiß, wie ich es aufhalten soll.

WIE ES SICH ANGEFÜHLT HAT

Es hat wehgetan.
Es hat wehgetan morgens aufzustehen,
es hat wehgetan abends ins Bett zu gehen.
Es hat einfach immer wehgetan.
Es ist so, als ob dir jemand die Luft abschnürt
und gleichzeitig den Boden unter den Füßen wegreißt.
Und dann sagen sie dir, alles wird gut und bald lachst du darüber,
aber wie sollst du darüber lachen,
dass alles, woran du geglaubt hast, nicht mehr existiert?

Ich weiß nicht, was mehr schmerzt.
Der Gedanke dich zu verlieren und all das,
was wir erlebt haben.

Oder das aufzugeben, wovon ich mit dir geträumt habe.

NICHTS MEHR

Ich wollte nie, dass es endet.
Ich habe so viel Zeit verschwendet.
Darauf zu hoffen, es könnte klappen.
Daran zu glauben, dass wir es packen.
Wo wir mal waren, ist jetzt nichts mehr.
Was wir hatten, ist jetzt nichts wert.

Zwei Wochen nach unserer Trennung.
Wir treffen uns, wollen über uns sprechen.
Wir verbringen den Abend gemeinsam,
lachen viel. Auf dem Heimweg frage ich dich,
wie es jetzt mit uns weitergeht.
Du meinst, erst einmal müssen wir wieder
zusammen sein. Dann können wir unsere
Probleme lösen. Ich antwortete dir,
dass wir so oft an diesem Punkt gestanden
haben. Dass wir sie erst lösen müssen,
um weitermachen zu können. Du schweigst.
Mein Herz schreit nach dir. Es schreit mich an,
dass es zurück zu dir will.
Aber ich darf das nicht zulassen.
Weil ich weiß, dass wir immer wieder
an diesem Punkt stehen werden.
Und so weit wie in diesem Moment würde
ich nicht noch einmal kommen.

ZU SPÄT

Als du es verstanden hast, war es zu spät.
Als es für mich keinen Weg mehr zurück gab,
hast du vor mir gestanden
und mir die Lösung auf einem silbernen Tablett serviert.
Du warst dir sicher, ich komme zurück.
Ich weiß nicht, was trauriger war:
Dass ich mir nichts mehr jahrelang gewünscht habe.
Dass ich alles dafür getan habe,
damit du mit einem silbernen Tablett um die Ecke kommst.
So wie du es mir versprochen hast –
und ich es dir immer wieder geglaubt habe.
Oder, dass du es verstanden hast, als es zu spät war.

VERLOREN

Du hast mich verloren.
Egal, was du tust.
Du wirst mich nie wieder finden.

DAS ENDE VON WIR

Aus Wir
wurde du und ich
und mir
wurde klar,
wenn es nur noch dich und mich gab,
dass unser Wir
Geschichte war.

Das Vermissen

Letzte Nacht stand ich vor deiner Tür. Du hast sie mir geöffnet und mich hereingelassen. Wir haben auf der kleinen Couch gesessen, die ich nie mochte und Kaffee getrunken. Ich meinen schwarz und du deinen wie immer mit zwei Würfeln Zucker. Wir haben die ganze Nacht miteinander geredet. Im Hintergrund prasselte der Regen auf deine großen Dachfenster. Ich wollte dir sagen, wie sehr ich dich vermisst habe.

Aber dann wurde ich wach.

TRÄUME VON DIR – SEHNSUCHT

Träume von dir
fühlen sich wie Verlieren an.
Denn werd' ich wach, dann
merke ich,
dass ich sie nicht greifen kann.
Doch, wie töricht von mir,
mein Leid zu klagen.
Was soll die Sonne denn sagen?
Denn wird sie wach, dann
merkt sie,
dass sie den Mond nicht greifen kann.
Ihr ganzes Leben lang.

Jedes Mal, wenn mir bewusst wird, dass es nie wieder so sein wird, wie es einmal war, fühlt es sich an, als würde jemand mein Herz nehmen und es zu Boden reißen.

Immer und immer wieder.

EINMAL

Komm, wir drehen die Zeit zurück.
Zurück zu dem Zeitpunkt, als alles noch in Ordnung war.
So als wäre nichts kaputt gegangen.
Wir lernen uns nochmal ganz neu kennen.
Und wir lernen uns wieder lieben.
Komm, wir drehen die Zeit zurück.
Es kann hier enden, dann beginnen wir
ganz neu von vorn.
Komm, wir drehen die Zeit zurück.
Wir arbeiten an uns.
Wir lassen es nicht noch einmal kaputt gehen,
so dass es nicht zu reparieren ist.
Komm, wir drehen die Zeit zurück.
Ich will sie nur noch einmal zurückdrehen.
Ich will das erste Mal „Ich liebe Dich" nochmal hören.
Einmal noch das Kribbeln im Bauch spüren.
Einmal noch das Gefühl haben, dass es für immer ist.
Und keinen Gedanken daran verschwenden,
dass es endet.

**Die Hoffnung ist mein größter Feind.
Sie lässt mich träumen von uns. Sie gibt
uns in meinen Gedanken noch eine Chance.
Sie malt unsere Zukunft so farbenfroh aus,
dass mir warm ums Herz wird.**

Und dann verlässt sie mich wieder.

DIESE TAGE

Und dann sind da diese Tage.
Diese Tage, an denen ich nichts auf die Reihe kriege,
weil mich wieder irgendetwas an dich erinnert hat
Diese Tage, an denen sie unser Lied im Radio spielen.
Diese Tage, an denen jemand deinen Duft trägt.
Diese Tage, an denen dieses vertraute Gefühl
in mir hochkommt, so als wärst du noch hier.

VOLL VON DIR

Ich kann dich nicht vergessen.
Ich habe wirklich alles versucht,
aber ich schaffe es nicht.
Mein Raum ist voll von dir.
An jeder Ecke lauert irgendeine Erinnerung.
Ich gehe raus um mich abzulenken,
aber mein Kopf ist voll von dir.
Ich versuche jemandem Liebe zu schenken,
aber mein Herz ist voll von dir.
Ich kann dich nicht vergessen.
Dafür ist einfach kein Platz.
Alles ist voll von dir.

Oft wird unser Verstand von unserem Herz getäuscht, wenn wir vermissen. Weil es alles dafür tut, dass der Schmerz, den es empfindet, endet. Wenn auch nur für einen kleinen Moment. Es lässt uns schwach werden.

Verdreht unsere Realität.

TAUSEND BRIEFE

Ich habe bestimmt tausend Briefe an dich geschrieben
und keinen von ihnen versandt.
Denn in diesen Briefen
regiert mein Herz, nicht mein Verstand.

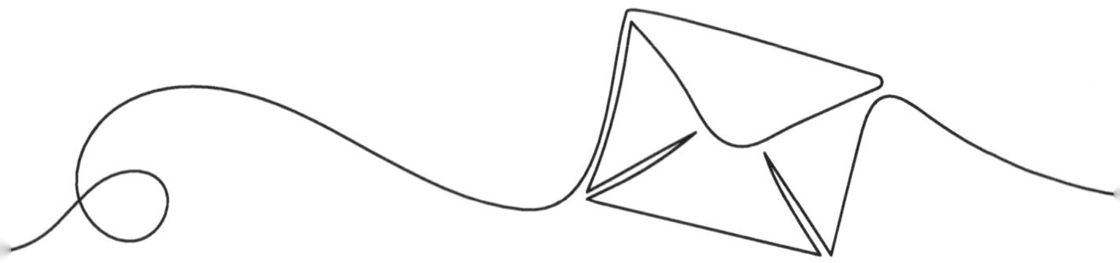

TRAURIG

Ich bin nicht wütend, ich bin traurig.
Wenn ich zurückdenke,
dann bin ich eigentlich nur traurig.
Ich bin traurig über alles, was passiert ist.
Ich bin traurig darüber,
dass du nicht da warst, als ich dich gebraucht habe.
Und ich bin traurig darüber,
dass ich nicht für dich da sein konnte,
als du mich gebraucht hast.
Ich bin traurig darüber, dass etwas so kaputt enden
konnte,
was so schön begonnen hat.
Ich bin traurig darüber,
dass ich an etwas geglaubt habe,
was keine Zukunft hatte.
Und ich bin traurig darüber,
dass ich dich irgendwann nicht mehr lieben konnte.
Ich bin nicht wütend, ich bin traurig.

ERINNERUNG

Die Erinnerung an dich ertrage ich nicht.
Ich will nicht an dich denken.
Und ich will nicht von dir erzählen.
Alles, was mit dir zu tun hat, tut mir weh.
Und immer,
wenn ich deinen Namen in den Mund nehme,
ersticke ich daran.
Meine Enttäuschung und mein Schmerz
können da bleiben, wo sie sind.
Denn die Erinnerung an dich ertrage ich nicht.

AN JEDER ECKE

Ich werde niemals vergessen,
wie es wehgetan hat.
Sobald ich nur daran denke,
schießen mir Tränen in die Augen.
Am schlimmsten ist es an den Orten,
an denen wir glücklich waren.
Dort wartet an jeder Ecke eine Erinnerung an die Dinge,
die nicht wahr geworden sind.

Manchmal spule ich zurück. Wie in einem Film.
Ich spule dann zurück zu meiner Lieblingsstelle
und schaue sie mir immer und immer wieder an.
Falls du nicht weißt, welche Stelle ich meine:
Es ist die, in der du denkst, dein Leben ist perfekt.
Und das einzige, was du dir noch wünschst, ist,
dass sich das niemals ändert. Für mich war dieser
Moment mit dir. Ich war glücklich. Und immer,
wenn ich daran zurückdenke, bin ich glücklich.
Aber es ist halt wie in einem Film. Egal, wie oft
du zurückspulst und du dir diese Szene anschaust.

Es ändert nichts daran, dass es kein Happy End gibt.

KEIN ZURÜCK

Es war alles gesagt.
Es gab kein Zurück mehr.
Und kein Wort der Welt hätte es
wieder gut machen können.
Es war vorbei.
Aber ich hatte doch noch so viele Gedanken im Kopf.
Da war so viel unausgesprochen.
Ich war so voll von meinen Gefühlen
und ich wollte dir das mitteilen.
Aber immer, wenn ich kurz davor war,
wusste ich, es würde nichts ändern.
Es war alles gesagt.
Und selbst, wenn ich noch etwas zu sagen gehabt hätte,
es gab kein Zurück mehr.
Mit nur einem einzigen Wort mehr
hätten wir uns wieder im Kreis gedreht.
Wir hätten das Spiel immer wieder von vorne gespielt.
Ein Spiel, in dem es keine Gewinner gab.
Nur Verlierer.
Es war alles gesagt.

**Dich zu verlassen war die beste Entscheidung,
auch, wenn sie mir das Herz gebrochen hat.
Und, wenn ich sage, dass sie mir das Herz
gebrochen hat, dann beschreibt das nicht
im Ansatz das, was ich dabei empfunden habe.
Ich habe mich so verloren gefühlt.
Und ich wusste überhaupt nicht mehr,
woran ich glauben soll.
Ich habe oft darüber nachgedacht zu dir
zurückzugehen. Aber es gab da nichts mehr
zu reparieren.**

Es gab keine Zukunft mit dir.

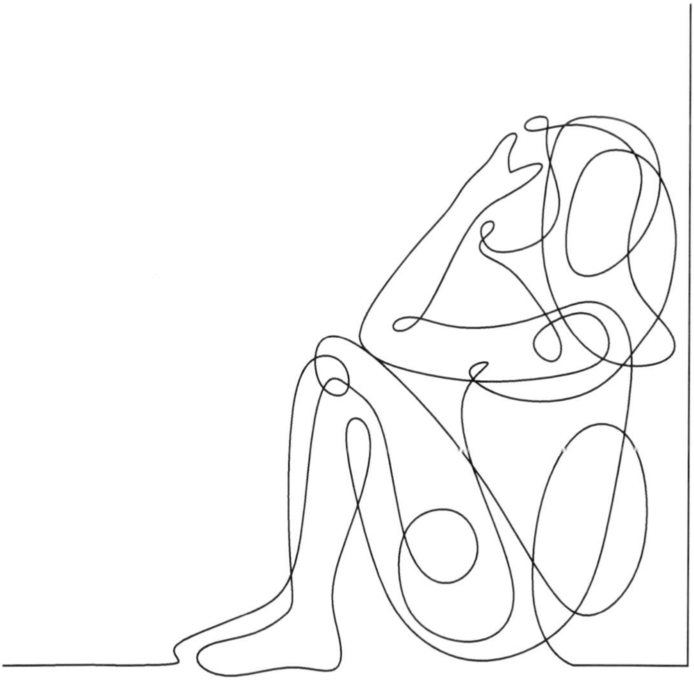

Die Trauer

MEINE TRAURIGSTE GESCHICHTE

Meine traurigste Geschichte bist du.
Du stehst geschrieben in meinem Herzen.
Von Anfang bis Ende.
Wie ein Buch.
Ich kenne die Geschichten auswendig,
doch ich lese sie immer wieder.
Außer mir hört keiner zu.
Niemand hört sich immer wieder
die gleiche Geschichte an.
Wenn man eine Geschichte gelesen hat,
dann schließt man das Buch
und stellt es zurück ins Regal.
Ich wünschte, ich könnte mein Herz nehmen
und es schließen.

Denn ich will diese Geschichte nie wieder hören.

FÜR IMMER

Als ich dir mein Für Immer geschworen habe,
habe ich nicht gewusst,
dass deins endet.

Ich habe ihnen gesagt, mein Herz ist gebrochen. Aber das war nicht nur das Herz. Es war einfach alles an mir. Mein Herz, mein Glaube, meine Seele.

Ich war so traurig.

STURM

Ich hatte keine Kraft mehr.
Ich wusste nicht, wohin mit mir.
Ich habe darauf gewartet,
dass mich irgendjemand rettet.
Irgendjemand, der mich aus diesem Sturm holt
und in Sicherheit bringt.

Ich habe mir die Schuld gegeben dafür, dass wir gescheitert sind. Ich war überzeugt davon, dass ich dich nicht genug geliebt habe. So wie du es verdient hast. Es war meine Schuld, dass du mir nicht die Liebe geben konntest, die ich verdient habe. Ich habe dich so sehr geliebt, dass du in meinen Augen zu wertvoll warst, um die Schuld zu tragen.

SCHULD

Es war meine Schuld.
Ich habe mir das immer wieder gesagt.
Ich bin dieses Gefühl einfach nicht losgeworden.
Denn du konntest die Schuld nicht tragen,
das lag doch auf der Hand.
Du warst perfekt, so wie du warst.
Du warst die Liebe meines Lebens.
Also musste es doch an mir gelegen haben.
Ich hätte einfach nur noch ein bisschen mehr
geben müssen.
Aber ich hatte keine Energie mehr.
Es war meine Schuld.

Ich habe gedacht, ich könnte dich retten. Ich habe es nicht geschafft. Dabei habe ich alles gegeben, dass du dich bei mir sicher fühlst. Habe mit all meiner Kraft versucht, deine Mauern einzureißen. Habe mit all meiner Liebe versucht, deine Wunden zu heilen. Doch du hast es nicht zugelassen. Mein Herz ist an deinem Herz aus Stein zerbrochen.

Ich musste aufgeben.

SELBST DER HIMMEL

Ich habe stundenlang einfach so da gesessen.
Ich konnte mich nicht bewegen.
Ich habe nicht begriffen,
wie das Leben ohne dich funktionieren soll.
Du warst doch gerade noch ein Teil davon.
Ich habe stundenlang einfach so da gesessen
im Regen.
Und der einzige Trost war,
dass selbst der Himmel weint.

Ich nehme Abschied von dir.
Ich weiß nicht, was ich sagen soll.
Ich weiß nicht, was ich fühlen soll.
Ich weiß nur, dass es wehtut.
Und, dass ich mir nicht vorstellen kann,
dass es irgendwann nicht mehr wehtut.

Du warst alles für mich. Du warst mein Leben.

NACHT

Heute war nicht mein Tag. Ich war schwer.
Ich wollte nicht vor die Tür gehen, geschweige denn mit irgendjemandem reden.
Sie würden es sowieso nicht verstehen.
Sie können die Dunkelheit in mir nicht sehen.
Und wenn sie es könnten, dann hätten sie wahrscheinlich Angst vor mir.
Denn seit du nicht mehr da bist, ist es Nacht in mir.
Ich habe den Tag nie wieder gesehen.

Ich trage so viel Schmerz in mir, dass ich ohne ihn zu verdrängen, nicht überlebe. Alles ist dunkel. Ich weiß nicht mehr wie man sich freut. Mein Herz und meine Seele weinen. Tag für Tag.

UNTEN

Du warst die Antwort auf jede meiner Fragen.
Für mich warst du der Tag,
du warst mein Morgen und mein Abend.
Ich bin mit dir höher geflogen
als mit jedem Menschen zuvor.
Doch ganz oben
haben wir die Kontrolle verloren.
Traurig ist,
dass wir das gemerkt haben,
als wir wieder unten waren.

Ich habe versucht, vor mir wegzulaufen. Ich war voller Schmerz. Ich konnte mich selbst nicht ertragen. Die einzige Lösung war zu verdrängen. Immer weiterzulaufen. Denn wäre ich stehengeblieben, hätte mich der Schmerz wieder eingeholt.

VERLOREN

Du hast mich verloren.
Du kannst jetzt treffen, wen du willst.
Aber du wirst mich in ihnen nicht wiederfinden.
Und, wenn doch, dann wünsche ich dir,
dass sie dir nicht das geben, was ich dir gegeben habe.
Und dass sie dich nicht so lieben,
wie ich dich geliebt habe.
Damit sie nicht ertragen müssen,
was ich ertragen habe.
Das hat niemand verdient.

Du bist das Buch, das ich nie zu Ende gelesen habe. Du bist meine traurigste Geschichte.
Du bist das Kapitel, das man immer wieder aufschlägt und dann zur Seite legt. So lange, bis man denkt, man hätte es vergessen. Und dann liest man es von vorn. Weil man es verstehen möchte. Weil man jedes Kapitel gelesen haben muss, damit es einen Sinn ergibt.
Ich habe dieses Kapitel hundert Mal gelesen und ich habe es nie verstanden. Also habe ich es geschlossen und für immer beiseitegelegt.
Du bleibst meine traurigste Geschichte.

Das Ende werde ich nie erfahren.

SPRACHE

Ich war nicht bereit für deine Liebe.
Und, wenn ich ehrlich bin, werde ich das nie sein.
Wir beide sprechen nicht dieselbe Sprache.
Ich wollte deine Sprache erlernen.
Aber ich habe es nie geschafft.
Ich habe dich nie verstanden.

Die Leere

Du weißt wie ich mich fühle?
Das ist gut, denn dann weißt du ja wie es ist, wenn man nichts mehr fühlt. Wenn man sich über nichts mehr freuen kann. Wenn man über nichts mehr weinen kann. Dann weißt du, wie es ist, wenn ein Schleier über deinem Tag liegt und du alles verschwommen siehst.
Und jedes Gefühl, das zu dir durchdringen will, ist nur ein dumpfes Anklopfen.
Mehr nicht.

Die Tür machst du nie auf.

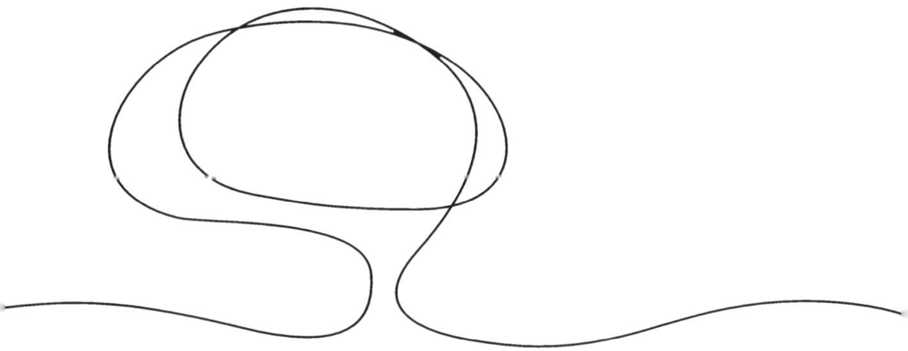

VERLOREN

Du hast es geschafft.
Du hast es geschafft,
dass ich mich komplett verloren habe.
Alles, woran ich geglaubt habe, warst du.
Und nach dir war da nichts mehr.
Ich konnte nicht einschlafen
und ich wollte nicht aufstehen.
Jeder Tag war gleich.
Ich habe nichts gefühlt, aber ich habe funktioniert.
Ich habe nichts gesagt,
aber am liebsten hätte ich laut geschrien.
Ich wusste nicht, wohin mit mir.
Ich war verloren.

**Wie oft habe ich gesagt, es sei alles gut.
Es sei schon okay. Und wie oft war das gelogen?**

DER CLOWN

Mit ihnen lache ich laut.
Sie lieben meine Art und Weise.
Doch hinter meinen Mauern,
da weine ich ganz leise.
Mit ihnen lache ich laut
und stehe rasch wieder vor meinen Mauern.
Und bin, damit sich niemand Sorgen macht,
wieder der, der am lautesten lacht.

Du hast alle meine Grenzen überschritten.
Nicht nur einmal, immer wieder.
Am Anfang hast du mich sehr verletzt damit. Doch mit jedem Mal hat es weniger wehgetan. Ich bin abgestumpft. Ich hatte keine Grenzen mehr. Du konntest alles mit mir machen. Ich habe mich ergeben. Ich war wie ein Schatten an deiner Seite.

Ich bin dir ungefragt gefolgt, egal wohin.

NICHTS

Die meisten Tage ertrage ich,
einen Sinn sehe ich nicht.
Ich fühle nichts.
Wenn du mich fragst, wie es mir geht,
dann habe ich keine Antwort.
Meine Gedanken sind überall,
nur nicht an diesem Ort.
Ich komme nie zur Ruh,
schaue mir selbst von oben zu.
So als wäre das nicht mein Leben,
so als stände ich nur daneben.
Ich suche nicht mehr nach dem Glück.
Was ich auch versuche, es kommt nicht zurück.

TAG FÜR TAG FÜR TAG

Mein Leben fühlt sich an wie ein Film.
Ich bin mein eigener Zuschauer.
Tag für Tag für Tag.
Ich sehe, wie sich meine Lippen bewegen.
Aber ich höre nichts.
Ich sehe, wie ich lache.
Aber ich fühle nichts.
Tag für Tag für Tag.
So als würde ich nur daneben stehen.

Ich bin stundenlang durch die Nacht gefahren. So als wäre ich auf der Suche. Ich wusste nur nicht wonach. Ich bin immer weitergefahren. Und ich habe mir nichts mehr gewünscht als endlich anzukommen.

MÜDE

Ich glaube du verstehst das nicht.
Ich bin müde.
Ich bin müde davon jeden Tag das Beste zu geben
und trotzdem nicht zu wissen, wo diese Reise hinführt.
Ich bin müde davon niemals anzukommen.

SEHNSUCHT

Ich sehne mich nach etwas.
Doch ich weiß nicht wonach.
Ich bin immer auf der Suche,
komme nie wirklich an.
Ich stell mir tausend Fragen,
aber ich habe keine Antworten darauf.
Vielleicht ist es mein Schicksal für immer
auf der Reise zu sein.

SCHATTEN

Ich bin weggerannt.
Ich bin weggerannt vor jedem Menschen,
der mir Liebe schenken wollte.
Ich konnte damit nicht mehr umgehen.
Ich konnte mit keinem Gefühl mehr umgehen.
Ich wusste nicht mehr, wie man sich über etwas freut.
Ich wusste nicht mehr, wie man über etwas weint.
Ich wusste nicht mehr, wie man liebt.
Ich war leer.
Ich war nicht greifbar.
Ich war wie ein Schatten, der nur darauf wartet,
dass es dunkel wird.

Nach unserer Trennung war ich still und kaputt. Alles um mich herum war leise, aber in mir war es laut. Sie haben mich gefragt, wie es mir geht, und ich habe gesagt, gut. Aber was hätte ich denn sagen sollen? Dass ich seit Tagen nicht mehr schlafen kann? Und, dass ich am liebsten nicht mehr aufstehen würde. Weil mir dann immer wieder aufs Neue bewusst wird, dass du nicht mehr da bist. Und, dass du auch nie wieder da sein wirst. Alles in mir hat geschrien, aber ich war still.

Denn dafür gab es keine Worte, ich war kaputt.

HEIMAT

Du warst meine Heimat.
Egal, wo du warst.
Bei dir war ich zu Hause.
Und, seit es dich nicht mehr gibt, bin ich rastlos.
Ich finde keine Ruhe.
Ich bin nirgendwo daheim.

Die Wut

„Soll sie erst einmal wegziehen.
Sie wird sehen, wie hart es wird."
Du hast dir gewünscht, dass es hart
wird für mich. Das ist der Unterschied
zwischen uns beiden.
Auch nach unserer Trennung habe ich
dir nie etwas Schlechtes gewünscht.
Nie ein schlechtes Wort über dich verloren.
Du hast keine Gelegenheit ausgelassen,
weil du genau wusstest, dass ich mich mit
der Wahrheit niemals rächen würde.

Aber, falls es dich beruhigt, es war hart.

WENN DU ÜBER SIE SPRICHST

Wenn du über sie sprichst,
dann denk immer daran, sie hat dich geliebt.
Sie hat dich so sehr geliebt,
dass sie eher in Kauf genommen hat
sich selbst zu verlieren als dich.
Sie hat bis heute kein schlechtes Wort
über dich verloren,
weil sie sich selbst damit verletzen würde.
Und aus Respekt vor allem, was zwischen euch war.
Vergiss das nie, wenn du über sie sprichst.
Sie hat dich geliebt.

Wenn du mich so sehr liebst wie du sagst, warum lässt du mich dann nicht endlich in Frieden? Immer, wenn ich gerade wieder atmen kann, stehst du vor mir, und schnürst mir die Luft ab. Ich fühl mich jedes Mal wie gelähmt. Und jeden Schritt, den ich nach vorn gemacht habe, wirfst du mich wieder zurück.

MEIN GESICHT

Merk' dir mein Gesicht.
Du wirst es nie wieder sehen.
Nichts von mir.
Ich werde nie wieder auf dich warten.
Und immer, wenn du morgens wach wirst
oder abends einschläfst,
ist da niemand.
Meinen Platz nimmt niemand ein.
Egal, wer sich daneben setzt.
Diese Lücke wird dich immer
schmerzlich daran erinnern,
dass niemand da war,
als ich morgens aufgewacht bin
und abends eingeschlafen.

**Ich will, dass du einmal meinen Schmerz spürst.
Nicht, weil ich dir schaden möchte.**

Ich möchte, dass du einmal verstehst, was ich fühle.

ZU VIEL

Ich war dir zu viel,
meintest du.
Doch, wie konnte ich zu viel sein
und doch nicht genug?

Ich wollte mich noch bei dir bedanken.
Danke für all die Versprechen,
die du nicht gehalten hast.
Und, dass du zugesehen hast,
wie ich zerbrochen bin in tausend Einzelteile.
Um mich dann einfach liegen zu lassen.
Denn ich verspreche dir, wenn ich jeden Teil
von mir wiedergefunden habe, wirst du mich
nicht mehr erkennen.

Weil der Teil von dir liegen bleibt.

HUNDERTE CHANCEN

Du hattest hunderte Chancen
und du hast keine genutzt.
Und jetzt, wo ich mit dir durch bin,
sagst du, du hast nicht gewusst,
wie sehr du mich mit deinem Verhalten verletzt hast.
Und, dass du jetzt alles wieder gut machst.
Doch wie willst du es richtig machen,
wenn du nicht weißt, was falsch war?
Und was willst du gut machen,
wenn die Schuld nicht bei dir lag?

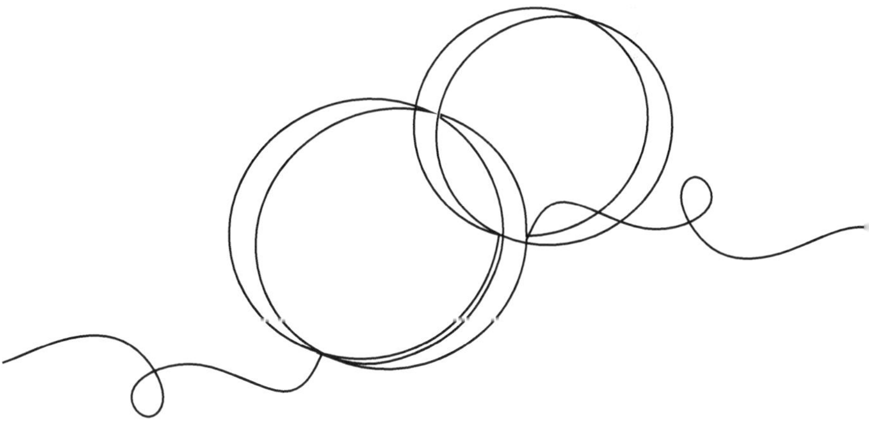

DER MENSCH, DER NICHT LIEBT

Wir hätten alles sein können,
wärst du der Mensch gewesen,
für den ich dich hielt.
Doch wir waren nichts,
denn du warst der Mensch,
der nicht liebt.

Wenn du ihnen erzählst, was für ein schlechter Mensch ich bin, dann hoffe ich, erzählst du ihnen alles. Ich hoffe du erzählst ihnen, wie sehr ich für dich da war in deinen dunkelsten Zeiten. Wie sehr ich an dich geglaubt habe, als du das nicht einmal selbst konntest. Dass ich nie aufgehört habe dich zu lieben mit einem Herzen, das du hundert Mal gebrochen hast. Ich hoffe all das erzählst du ihnen. Und, wenn du dich an mich erinnerst, dann hoffe ich, dass dir ein Schauer über den Rücken läuft. Dass dich ein undefinierbares Gefühl überkommt, so als könntest du die schönsten Augenblicke und den tiefsten Schmerz vereint in einem Moment spüren.

So wie ich, immer, wenn ich an dich denke.

BEGEGNUNG

Im Nachhinein sagt man doch immer,
dass eine Begegnung zu etwas gut war.
Aber, wenn ich die Wahl hätte,
hätte ich dich niemals gekannt.

Ich sage nicht, dass ich nichts falsch gemacht habe. Mein größter Fehler war, dass ich dich mehr geliebt habe als mich selbst.

Loslassen

Loszulassen bedeutet nicht zu vergessen.

Es bedeutet nur,
nicht mehr an etwas festzuhalten,
das über viele Jahre viel zu schwer
geworden ist.

LOSLASSEN UND VERGESSEN

Wenn ich loslasse,
vergesse ich.
Wenn ich dich loslasse,
vergess' ich dich.
Und dich vergessen
kann ich nicht.

Du kannst einen Menschen lieben und dich trotzdem dazu entscheiden zu gehen. Weil das Leben mit ihm nicht funktioniert. Gegensätze ziehen sich an – in manchen Punkten mag das stimmen. Doch, wenn wir unsere Werte, unsere Wünsche und Ziele im Leben betrachten, dann ist es für die Beziehung nicht hilfreich, keinen gemeinsamen Nenner zu finden.

LIEBE REICHT NICHT

Deine Welt war dunkel,
meine war hell.
Ich war dir zu langsam,
du warst mir zu schnell.
Dir war es zu wenig,
mir hat es gereicht.
Was für dich schwer war,
war für mich leicht.
Viel hatten wir nicht gemeinsam,
wir waren miteinander einsam.
Und sich zu lieben reicht nicht aus
für einen gemeinsamen Weg,
wenn man sich gegenseitig im Weg steht,
weil man verschiedene Richtungen wählt.

Wenn man loslassen will, muss man immer bereit sein, auch ein Stück von sich selbst zu verlieren. Deswegen tut es so weh. Und deswegen kann man auch nicht sofort weitermachen, als wenn nichts gewesen wäre. Das braucht Zeit. Und zwar viel Zeit. Bis die Wunde irgendwann heilt. Und es wird Momente geben, wo sie wieder aufreißt. Doch am Ende bleibt nur die Narbe, die dich zwar an den Schmerz erinnert,

aber auch daran, dass du das überlebt hast.

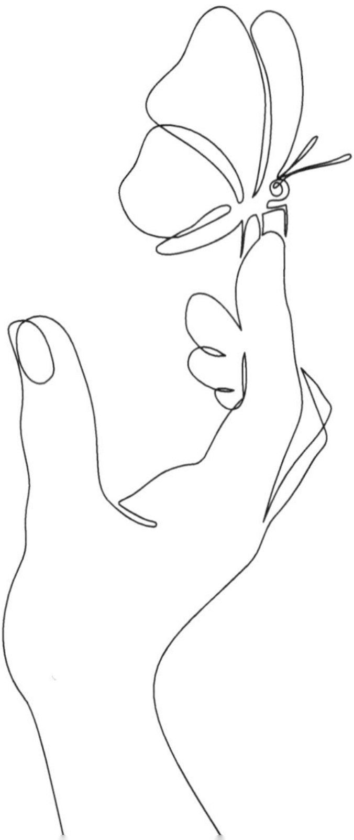

Die Heilung

Ich habe mich ganz neu kennengelernt.
Wie beim ersten Date.
Nur, dass ich mir selbst
die Fragen stellen musste.
Und die Antworten waren gar nicht
so leicht zu finden.
Ich habe lange Zeit
einfach nur funktioniert.
Ich wusste nicht mehr,
worüber ich mich freue
oder worin ich gut bin.
Deswegen habe ich mir Zeit für mich genommen.
Und jede Antwort, die ich gefunden habe,
habe ich aufgeschrieben.

Wie eine Anleitung für mich selbst.

ZULASSEN

An manchen Tagen denke ich an dich.
Ich erlaube es mir und verbiete es nicht.
Ich verbiete es mir nicht mehr.
Denn nach all der Zeit
habe ich gelernt,
dass mein Herz so nicht heilt.

Entschuldige dich niemals für deine Gefühle.

Es gibt niemanden, der genau das fühlt, was du fühlst. Niemand hat das Recht über deine Gefühle zu urteilen. Was du fühlst, ist immer echt. Gib deinen Gefühlen Raum, versuche sie zu verstehen und einzuordnen. Nur so lernst du zu heilen und auf dich und deine Bedürfnisse zu achten.

ORTE

Es gibt diese Orte,
zu denen kehre ich immer wieder zurück.
Orte voller Erinnerungen.
Erinnerungen, nach denen man sich sehnt.
Erinnerungen voller Glück und Geborgenheit.
Voller Liebe.
Wenn ich an diese Orte zurückkehre, dann merke ich,
wie sich mein Herz öffnet und ein kleines Stück heilt.
Und wenn ich dann in der Ferne
die Trauer und den Schmerz sehe, weiß ich,
es ist Zeit nach Hause zu gehen.

Du kannst vor dir selbst und dem Schmerz in dir nicht weglaufen. Du kannst deinen Job wechseln, in eine neue Stadt ziehen, eine neue Beziehung beginnen. Doch, wenn da etwas in dir ist, das heilen muss, dann wird es dich immer wieder finden.

Bis du es zulässt.

HOFFNUNG

Nach dir war meine Welt schwarz-weiß.
Ich kann mich nicht mehr daran erinnern,
wie sie vorher aussah.
Seitdem ist jeder Tag gleich.
Doch ich gebe die Hoffnung nicht auf.
Denn irgendwann
werden Schwarz und Weiß
den allerschönsten Farben weichen.

Ich bin nicht das, was mir passiert ist.

Ich bin ich – im Hier und Jetzt.
Ich bin nicht meine Vergangenheit.
Ich bin keiner der Fehler, die ich gemacht habe.
Ich bin nicht der Schmerz, der mir widerfahren ist
oder einer der vielen falschen Entscheidungen,
die ich getroffen habe.
Ich bin ich – im Hier und Jetzt.
All das, was mir passiert ist,
hat mich begleitet auf diesem Weg.
Es hat mich geformt.
Aber es ist kein Teil mehr von mir.
Denn im Hier und Jetzt
hat mein Ich keinen Platz mehr dafür.

Der Abschied

Es gibt Momente im Leben, da geht
es nicht mehr weiter geradeaus.
Du musst dich entscheiden, ob du
rechts oder links abbiegst.
Und manchmal ist der Weg,
der dich am meisten verletzt,

am Ende der Beste für dich.

DER MOMENT ZU GEHEN

Wenn dein Herz sich einsam fühlt,
es statt Wärme nur noch Kälte spürt.
Wenn kein einziges Wort es berühren kann,
dann solltest du verstehen,
dass das der Moment ist,
um zu gehen.

Lass los. Du hast lange genug gekämpft.
Und ich weiß, du hast dein Bestes gegeben.
Und, wenn das Beste nicht reicht,
dann ist es Zeit loszulassen.
Du bist nicht auf dieser Welt,

um dein ganzes Leben um etwas zu kämpfen.

LIEBER ALLEIN

Nichts ist einsamer
wie wenn ein Mensch,
den du liebst,
dich nicht versteht.
Und manchmal ist es dann heilsamer,
wenn dieser Mensch geht.

Wenn ein Mensch sagt, dass er dich liebt, dich aber immer und immer wieder verletzt, dann glaub mir, ist das keine Liebe. Denn jedes Mal, wenn du einen Menschen verletzt, den du liebst, verletzt du auch dich selbst.

Und wieso sollte man das immer wieder tun?

VIER WORTE

Vier Worte,
die ich nie sagen sollte.
Vier Worte,
die ich dir sagen wollte.
Vier Worte,
mit denen ich mir ab jetzt Frieden schenke,
wann auch immer ich einmal an dich denke.
Ich
trage
keine
Schuld.

Ich konnte nicht loslassen, weil ich mich schuldig gefühlt habe. Jahrelang. Weil du wegen mir verletzt warst. Weil du wegen mir leiden musstest. Weil ich entschieden habe, dass es kein Zurück gibt.

GEHEN LASSEN

Manchmal musst du Menschen gehen lassen,
die dir sehr viel bedeuten.
Denn nur, weil sie dir viel bedeuten,
heißt das noch lange nicht, dass sie dir guttun.
Und nur, weil sie seit Jahren ein Teil deines Lebens sind,
ist es noch lange nicht selbstverständlich
ein Teil deines Lebens zu sein.
Ich wünschte, ich hätte das früher gewusst.
Und ich wünschte, ich hätte mir früher erlaubt,
Menschen gehen zu lassen, die es nicht verdient haben,
ein Teil meines Lebens zu sein.
Menschen, die mir nicht gutgetan haben.

Das, was wir hatten, ist vorbei. Wir sind Geschichte. Das heißt nicht, dass ich dir etwas Schlechtes wünsche, das habe ich nie. Es heißt nur, dass in meinem Leben jetzt kein Platz mehr für dich ist. Ich habe keine Kraft mehr für Anrufe oder Nachrichten von dir. Ich habe keine Kraft mehr dich zu sehen.

Unsere Geschichte ist vorbei.

NIE WIEDER

Halt mich
ruf meinen Namen
versprich mir
mich zu tragen

Liebe mich
nimm mir meine Zeit
erinnere mich
teil mit mir dein Leid

Verliere mich
vergesse mich
ergebe mich

- nie wieder.

ÜBER DAS AUSSTEIGEN

Ich wollte, dass du ein Teil dieser Reise bist.
Aber du bist ausgestiegen
Und, ja, man sagt Menschen kommen und gehen.
Das ist das Spiel des Lebens.
Aber als du gekommen bist, habe ich niemals gedacht,
dass du gehst.
Ich meine, wir waren seelenverwandt.
Wir haben alles miteinander geteilt.
Wir haben zusammen geweint
in den dunkelsten Momenten
und wir haben zusammen gelacht
bis uns der Bauch wehtat.
Ich habe mich sicher gefühlt mit dir.
Hätte man mir vor Jahren gesagt,
dass wir uns heute nicht mehr kennen,
hätte ich nur mit dem Kopf geschüttelt.
Denn die Verbindung zwischen dir und mir
war besonders.
Schade, dass du ausgestiegen bist.

Manchmal ist das Traurige gar nicht, den Menschen selbst gehen zu lassen, sondern die Vorstellung von ihm. Und all das, was wir uns mit ihm ausgemalt haben. Sehr wahrscheinlich hat dieser Mensch nie so existiert. Warum also halten wir an etwas fest, das es nie so gegeben hat?

VIELLEICHT

Vielleicht sollte es nicht sein.
Vielleicht waren wir nicht füreinander bestimmt.
Vielleicht waren meine Pläne nicht deine.
Wir waren zu zweit alleine.
Vielleicht sollte es nicht sein.
Meine Träume waren nicht deine,
ich habe schnell gemerkt, du hattest keine.
Vielleicht sollte es nicht sein.
Und, wenn all das, was ich empfunden habe,
nicht wahr wäre, all die dunklen Tage,
vielleicht wären wir nicht allein.

Ich bin nicht perfekt. Doch, was du mit mir gemacht hast, das hatte ich nicht verdient. Ich habe Jahre gebraucht, um das zu verstehen. Jahre voller Schuldgefühle, die du in jedem meiner Wunden Punkte gesät hast. Heute weiß ich, dass es dein Schmerz war. Denn auch du warst nicht perfekt.

Und wer ist das schon?

REPARIEREN

Es gibt Dinge, die kann man nicht reparieren.
Klar kannst du die Scherben suchen
und alles wieder zusammenkleben.
Aber immer, wenn du das tust,
wird es ein bisschen zerbrechlicher.
Und wie es einmal war, wird es nie wieder.

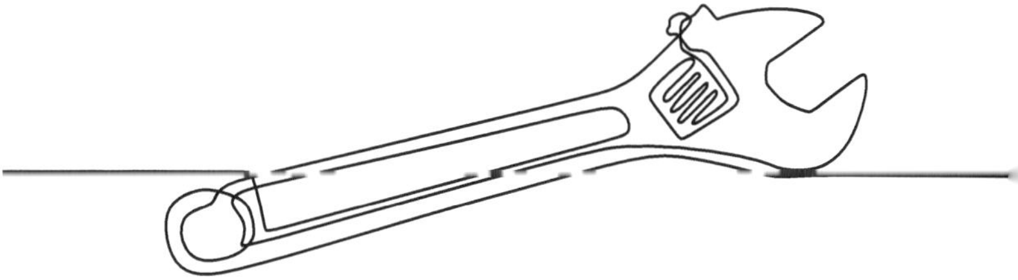

Wenn du das hier liest, dann habe ich alles hinter mir gelassen. Dich auch. Ich habe versucht dich zu halten. Ich habe dir meine Zeit geschenkt, all meine Energie und mein Herz. Ich habe bis zum Schluss an uns geglaubt. Ich habe daran geglaubt, dass die Liebe alles erträgt.

Doch ich möchte nichts mehr ertragen.

DIR ZULIEBE

Dir zuliebe
habe ich vergessen
mich zu lieben.
Und irgendwann
habe ich mir zuliebe
vergessen dich zu lieben.

GEBEN UND NEHMEN

Geben und Nehmen im Gleichgewicht,
so heißt es, wenn man von Liebe spricht.
Wenn du also nur gibst, ist es Zeit zu gehen,
denn dann scheint dein Gegenüber nicht zu verstehen,
Geben und Nehmen funktioniert so nicht.

Vergiss niemals, warum du gegangen bist, wenn du dich an all die liebevollen Momente erinnerst. Manchmal spielt unser Herz unserem Kopf einen Streich.

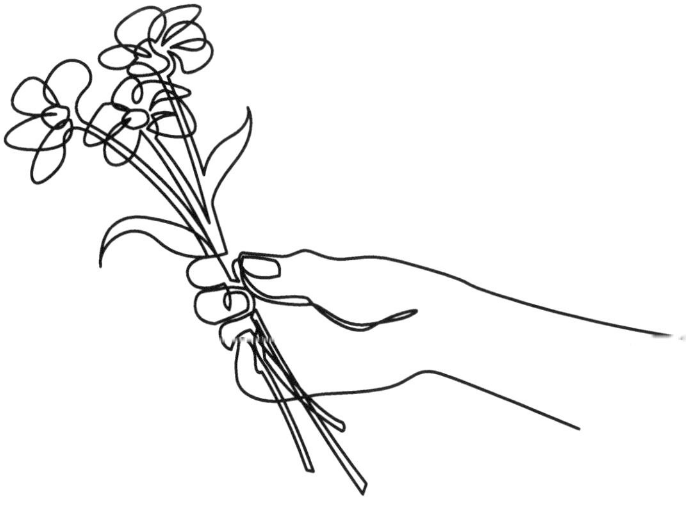

BEFREIUNG

Ich habe dich aus tiefstem Herzen geliebt.
Und, ich habe mich befreit.
Das Leben geht jetzt ohne dich weiter.
Ich lasse dich los, denn ich verdiene glücklich zu sein.

**Es ist nicht deine Schuld.
Wenn dich jemand verletzt, dich anlügt,
seine Versprechen dir gegenüber bricht,
dann ist es nicht deine Schuld. Du bist für das Leid,
dass dir ein anderer zufügt, nicht verantwortlich.
Du hast es verdient, gut behandelt zu werden.
Du hast es verdient, geliebt zu werden.
Die Menschen, die dir Schmerzen zufügen,
haben kein Problem mit dir.**

Sie haben ein Problem mit sich selbst.

ZWEI FREMDE

Und jetzt sind wir
wieder zwei Fremde,
die alles voneinander wissen,
sich aber nicht mehr kennen.

Der Mensch, der ich war, hat dich aus tiefstem Herzen geliebt. Doch der Mensch, der ich jetzt bin, kennt dich nicht mehr.

Der innere Frieden

Eigentlich könnte ich mich bedanken bei dir.
Die letzten Jahre waren zwar meine dunkelsten,
aber auch die, in denen ich am meisten gelernt habe.
Zum Beispiel, wie man wieder zu sich findet,
wenn man sich komplett verloren hat.
Wie man wieder an ein Morgen denken kann,
auch wenn das Heute so unerträglich ist.
Wie man wieder anfängt sich zu lieben,
nachdem man so lange dachte, man sei nicht genug.
Eigentlich müsste ich mich bei dir bedanken.

Ich wusste vorher nicht, wie stark ich bin.

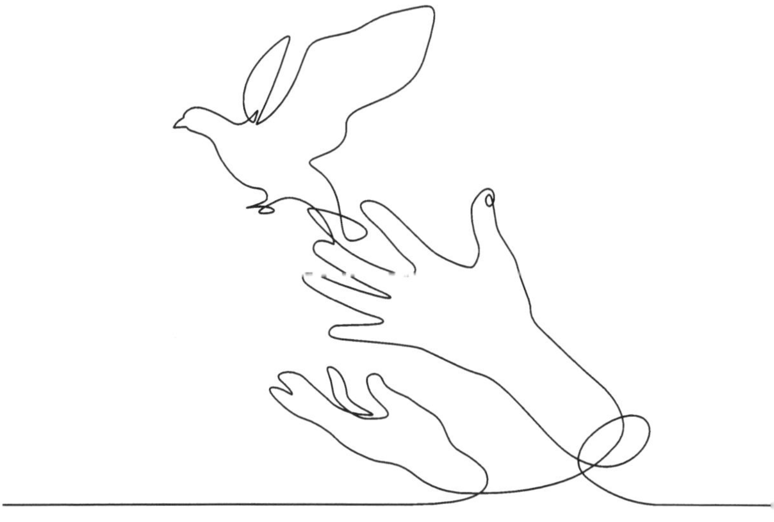

VERGEBUNG

Ich vergebe dir.
Du hast meine Welt auf den Kopf gestellt.
Und du hast mich zutiefst verletzt.
Ich wusste vorher nicht,
wie sehr man verletzt werden kann.
Aber ich vergebe dir.
Ich vergebe dir,
dass du nicht der Mensch sein konntest,
der du für mich sein wolltest.
Weil du selbst nicht wusstest,
wer du sein solltest.
Ich vergebe dir.
Ich wünsche mir,
dass du deinen Frieden findest.

Vielleicht ist es mein Schicksal, dass du für immer einen Platz in meinem Herzen haben wirst. Ich wehre mich nicht mehr dagegen, ich habe gelernt damit zu leben. Und es wäre doch merkwürdig etwas zu vergessen, was von so großer Bedeutung war. Ich werde niemals bereuen, mich in dich verliebt zu haben,

es war meine größte Lektion.

WENN EINE LIEBE VERGEHT

Eine Liebe, die vergeht,
vergisst du nie,
denn sie bleibt für immer,
das leerstehende Zimmer.

ICH TAT ES

Als ich dich das erste Mal gesehen habe,
da konnte ich mir nicht vorstellen
mich irgendwann in dich zu verlieben.
Aber ich tat es.
Als wir uns dann trennten,
da konnte ich mir nicht vorstellen
dich jemals zu vergessen.
Aber ich tat es.

Ich weiß, dass du mich geliebt hast.

Du wusstest nur nicht, wie. Ich habe gedacht, ich könnte es dir zeigen. Ich habe dich so sehr geliebt, ich hätte alle Zeit dafür in Kauf genommen – bis ich Jahre später daran zerbrochen bin. Ich musste lernen, dass Liebe manchmal nicht reicht. Dass es verschiedene Arten gibt jemanden zu lieben. Und, dass die Liebe, die dich kaputt macht, nicht die richtige ist.

VERSPRICH MIR

Ich wünsche dir nichts Schlechtes.
Versprich mir einfach nur, dass du all die Zeit,
die Energie und die Liebe, die du mir genommen hast,
irgendwann einem anderen Menschen schenkst.
Ich habe Frieden verdient.

Ich hoffe, es geht dir gut.
Egal, wo du gerade bist.
Oder mit wem.

FINDEN UND VERLIEREN

Ich hab' dich gefunden
und mich selbst verloren.
Also musste ich dich verlieren,
um mich wiederzufinden.

Gehasst habe ich dich nie.
Und das werde ich auch nie.
Vor ein paar Jahren habe ich
immer wieder einen Grund gefunden
dich zu lieben.
Und auch, wenn das lange vorbei ist,
werde ich immer einen Grund finden
dich nicht zu hassen.

LEICHT

Dir zu vergeben war nicht leicht.
Doch, seit ich dir vergeben habe,
bin ich leichter.
Und das reicht.

**Du warst meine große Liebe.
Aber du wirst nicht die einzige sein.
Auch, wenn das mein Wunsch war.
Doch mein Herz war bei dir nicht gut aufgehoben.
Und deswegen darf es jetzt heilen.**

Und danach geht es auf eine neue Reise.

Narben – Angst

Wenn ich dich in mein Leben lasse,

dann bleib da. Du kannst bei mir nicht
kommen und gehen, wann du willst.
Und, wenn ich dich hereinlasse, dann hat
es mich so viel Überwindung gekostet,
dass du es zu schätzen weißt.

ANGST

Irgendwann hat es angefangen,
dass ich niemandem mehr vertrauen kann.
Und anstatt neue Menschen zu treffen,
will ich lieber Menschen vergessen.
Ich will nicht alles wieder von vorn erzählen,
denn immer, wenn ich diese Energie investiere,
wenn ich denke, jetzt ist da jemand,
der hinter mir steht,
ist es am Ende doch das gleiche,
er geht.

Wenn wir oft und tief verletzt worden sind, entwickeln wir Glaubenssätze. Glaubenssätze, die uns schützen sollen. Die es uns aber auch verdammt schwer machen, neue Beziehungen zu knüpfen. Weil wir diese Glaubenssätze auf jeden Menschen übertragen, der in unser Leben tritt.

Egal, welche Absicht er verfolgt.

VERSTECK

Versuch mich ruhig zu finden.
Du findest niemals mein Versteck.
Ich lasse jede Spur verschwinden.
Wische jedes Zeichen von mir weg.
Du kannst das nicht richtig einschätzen,
du sagst das wird mit etwas Zeit.
Aber du könntest mich verletzen
und dazu bin ich nicht bereit.
Nie wieder lasse ich mein Herz dort nieder,
wo man es finden kann,
denn immer dann verschwinde ich lieber.

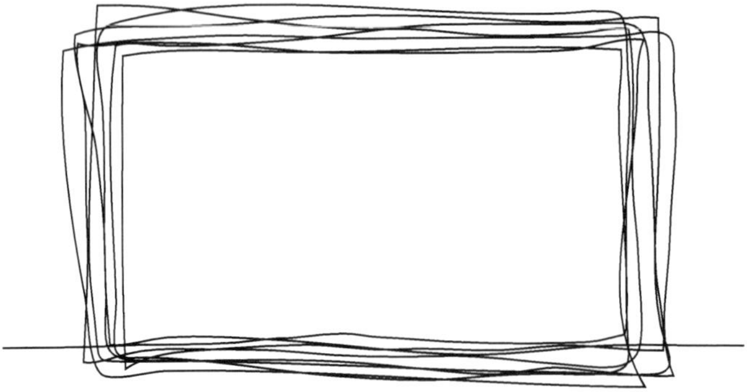

GRENZEN

Wo einst meine Grenzen lagen,
stehen jetzt hohe Mauern aus Stein.
Solltest du es also wagen
mir nah zu sein,
wirst du es niemals schaffen
über sie hinwegzusehen.
Wirst du es niemals schaffen
zu weit zu gehen.

Ein Mensch, der sehr verletzt worden ist, wird irgendwann wieder lieben können. Es wird viel Zeit brauchen, denn er wird erst dann wieder dazu in der Lage sein, wenn er seine Wunden versorgt hat und sie beginnen zu heilen. Wenn er das geschafft hat, wird er sein Herz und seine Seele besonders schützen. Weil er weiß, wie schwer es ist, tiefe Wunden zu heilen.

DIESES MÄDCHEN

Wenn du dieses Mädchen triffst,
dann sei sanft zu ihr.
Denn, wenn sie dich in ihr Leben lässt,
bist du nicht irgendjemand.
Es gibt nur wenige Menschen,
die ihr nah sein dürfen.
Und bei dem kleinsten Hinweis,
dass du sie verletzen könntest,
ist sie verschwunden.
Denn man hat ihr das Herz gebrochen.
Und sie wird nicht zulassen,
dass das noch einmal passiert.
Weil es Jahre gedauert hat,
jeden Teil davon wiederzufinden.
Und bevor sie das noch einmal durchmachen muss,
bleibt sie lieber allein.
Also, wenn du dieses Mädchen triffst,
dann sei sanft zur ihr.
Es gibt nur wenige Menschen,
die ihr nah sein dürfen.

Die Stärke

Mein Herz ist für jeden Menschen offen.
Und damit auch für die,
die es nicht gut mit mir gemeint haben.
Und, wenn ein solcher Mensch dein Herz betritt,
dann gibt es nur zwei Möglichkeiten:
Entweder, er vergiftet oder er bricht es.
Doch mein Herz kann man nicht vergiften.
Es ist so voll von Liebe.
Ein stärkeres Gegengift gibt es nicht.
Und, wenn das bedeutet, dass es immer wieder
gebrochen wird, dann nehme ich das in Kauf.
Denn ich werde immer wieder einen Weg finden,
es zu heilen.

Ich werde mein Herz niemals schließen.

DEINE LIEBE

Ich habe deine Liebe überlebt,
mir kann niemand mehr etwas anhaben.
Ich hatte ein gebrochenes Herz.
Und ich wusste nicht, wohin mit mir.
Ich hatte meine Würde verloren
und ich habe mich so wertlos gefühlt.
Seitdem habe ich keine Angst mehr.
Egal, vor welcher Herausforderung ich stehe.
Denn die größte war deine Liebe,
und die habe ich überlebt.

**Erinnere dich für einen Moment daran,
was du alles gemeistert hast.
Den Schmerz, die Trauer, all die dunklen Tage.**

Du hast sie überstanden.

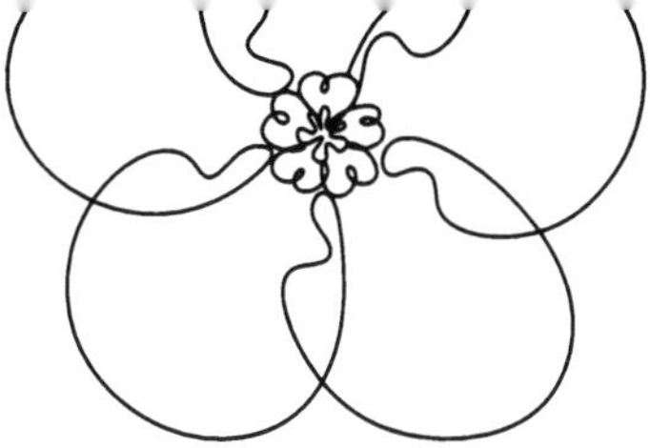

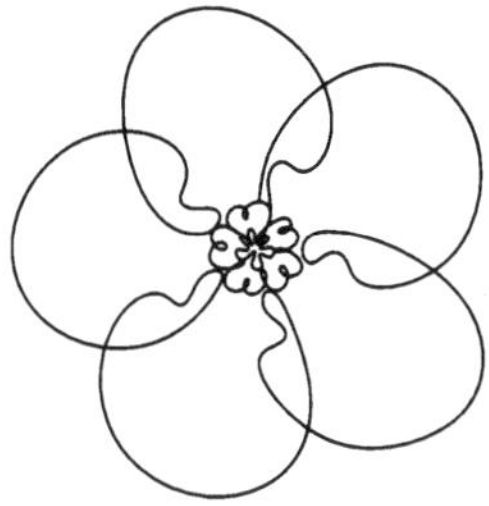

DIE SUCHE

Auf der Suche nach mir selbst
habe ich mehr gefunden,
als ich verloren habe.

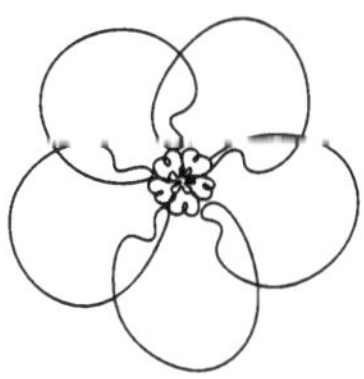

Es ist hart, sich selbst zu verlieren. Doch nichts fühlt sich besser an, als sich dann wiederzufinden. Ein neues Ich. Ein stärkeres Ich. Ein intuitives Ich, das Gefahren besser einschätzen kann, um sich vor ihnen zu schützen.

SCHUTZ

Wenn du siehst, dass ein Sturm aufzieht,
Regen und Wind an deine Fenster klopfen,
dann bist du sicher,
wenn du sie schließt.

Zu jedem starken Ich gehören auch Schwächen. Schwächen sind nichts Schlechtes, sie machen uns menschlich. Wir müssen nur lernen mit ihnen umzugehen. Sie zu akzeptieren als Begleiter auf unserem Weg.

REGEN

Das Leben läuft niemals wie geplant.
Und ich habe gelernt den Regen zu akzeptieren.
Er ist wie ein guter Freund,
der den Arm um mich legt und mir sagt,
dass es okay ist, dass manche Tage dunkel sind.
Er weint mit mir und er bleibt bis die Sonne wieder scheint.

In der Liebe gibt es keine Gewinner oder Verlierer. Egal, wie eine Geschichte ausgeht. Wir nehmen immer beide Rollen ein. Wenn wir gewinnen, verlieren wir den Platz für etwas anderes. Wenn wir etwas verlieren, gewinnen wir Platz für Neues.

GEWINNER

Du hast gewonnen.
Aber das bedeutet nicht,
dass ich verloren habe.
Auch, wenn ich den Schmerz noch in mir trage,
vermisse ich mein altes Leben nicht.
Denn es gibt nichts,
was gegen dieses Leben spricht.
Und ohne es mir einzureden
würde ich dieses Leben
nie wieder hergeben.

Dein Ich im Hier und Jetzt ist das,
was dein weiteres Leben bestimmen wird.
Nicht das, was war. Nicht das, was sein wird.
Sondern das, was ist.
Dein Ich im Hier und Jetzt verdient
all deine Liebe und deine Kraft.

STOLZ

Ich bin stolz auf mich.
Ich stehe jeden Morgen auf
und zeige der Welt mein Gesicht.
Und, was auch dagegen spricht,
ich verstecke meine Narben nicht,
denn – das bin ich.

**Narben erzählen Geschichten.
Sie sind unsere Zeugen der Kämpfe,
die wir geführt haben.
Der Wunden, die wir geheilt haben.**

Der Stärke, die wir bewiesen haben.

Selbstliebe

Wenn du dich dazu entscheidest,

nicht mehr so hart zu dir zu sein,
dir mehr Liebe zu schenken,
dann merkst du, wie du dich immer mehr
von Menschen und Gewohnheiten entfernst,
die dir schaden.
Du hörst auf Menschen zu lieben,
die dich nicht lieben und nicht
liebevoll behandeln.

BEZIEHUNGEN

Eine gesunde Beziehung zu dir selbst
wird alle Beziehungen,
die sie gefährden,
beenden.

Wie sollen die Menschen um dich herum verstehen, dich zu lieben, wenn du es ihnen nicht vormachst? Wenn du ihnen nicht zeigst, dass du wertvoll bist. Dass du respektvoll mit dir und deinem Körper umgehst.

LIEBESBRIEF

Du bist wunderschön.
Ich liebe jede Seite an dir.
Ich liebe es dir zu folgen,
auch wenn du nicht weißt wohin.
Ich liebe es dir zuzuhören,
auch, wenn du nichts zu sagen hast.
Ich liebe es wie du mich zum Lachen bringst,
obwohl dir nach Weinen ist.
Zeit mit dir ist wie ein Geschenk für mich.
Und ein Tag ohne dich wäre das schlimmste für mich.
In Liebe, Ich.

Du kannst nur Liebe schenken,
wenn du dich selbst liebst.
Wie willst du etwas teilen,
was du für dich selbst nicht
übrig hast?

MIR ZULIEBE

Wäre ich dir zuliebe bei dir geblieben,
hätte ich aufgehört mich zu lieben.
Und das konnte ich mir zuliebe
nicht riskieren.

AN ERSTER STELLE

Wenn du dich
immer wieder
hinten anstellst,
wirst du niemals
an erster Stelle stehen.

WUNDER

Ich glaubte an Wunder,
doch sie begegneten mir nie.
Und so begann ich zu glauben,
dass es Wunder nicht gibt.
Ich glaubte an mich,
voll Hoffnung und Zuversicht
und weiß heute,
dass nur so ein Wunder geschieht.

GENUG

Vielleicht bin ich nicht das, was du brauchst,
aber für mich bin ich genug.
Und der Mensch, der ich bin,
ist genug, um geliebt zu werden.
Und, ja, es ist schmerzhaft jemanden zu verlieren,
weil man nicht genug geben kann.
Doch viel schmerzhafter ist es,
sich selbst zu verlieren,
damit es reicht.

Ich kann nicht beeinflussen,
dass mich ein Mensch niemals
verletzt oder enttäuscht.
Doch, wenn es passiert, dann
ziehe ich daraus meine Konsequenzen.
Und das bedeutet, dass dieser Mensch
nie wieder die Chance bekommt

es nochmal zu tun.

WERT

Du wirst erstaunt sein
wie viele Menschen
an Wert verlieren,
wenn du deinen Wert erkennst.

KEIN MENSCH

Mein innerer Frieden
ist von so großem Wert,
dass kein Mensch auf dieser Erde
sich ihn verdienen könnte.

NUR EINEN MENSCHEN

Ich brauche nur einen Menschen,
der an meine Träume glaubt,
der mir blind vertraut,
der mich bedingungslos liebt,
der mir Sicherheit gibt,
der bleibt, wenn jeder geht,
der mich ohne Worte versteht,
der hält, was er verspricht.
Und dieser Mensch
bin ich.

Ich habe keine Angst mehr vor einem Neuanfang.

**Wenn ich eines gelernt habe, dann,
dass ich lieber von vorne beginne
als mich jahrelang im Kreis zu drehen.**

DIE ART VON FRAU

Ich bin nicht die Art von Frau,
die man vergisst.
Ich bin die Art von Frau,
die man vermisst.

Ich bin die Art von Frau,
die von ganzem Herzen liebt.
Die Art von Frau,
die dir ihr ganzes Herz gibt.

Ich bin die Art von Frau,
die immer hinter dir steht.
Doch auch die Art von Frau,
die, wenn du sie enttäuschst,
geht.

Nicht, weil ich eine Frau bin,
die sich schnell trennt,
sondern weil ich die Art von Frau bin,
die ihren Wert kennt.

Wenn du deinen eigenen Wert kennst, dann wirst du nie wieder jemanden darum bitten ein Teil deines Lebens zu sein, der kein Teil davon sein möchte.

DU VERDIENST LIEBE

Du hast nach Liebe gesucht,
doch gefunden hast du sie nie.
Hast es so hingenommen,
dass du der Mensch bist, der Liebe gibt,
nicht der, den man liebt.
Hast dich damit abgefunden,
dass du Liebe nicht verdienst.
Doch es gibt einen Haken.
Denn du hast dich selbst nie geliebt.
Und wie soll dir jemand etwas geben,
was du dir selbst nicht gibst.
Du wirst Liebe nur erleben,
wenn du dich selbst liebst.
Wenn du verstanden hast,
dass du Liebe verdienst.

GEFALLEN

Ich bin hier
um mir zu gefallen,
nicht dir.
Denn die meiste Zeit
verbring' ich mit mir.

Auf meinem Weg nach Hause habe ich mich oft verlaufen. Ich war immer auf der Suche. Bis ich verstanden habe, dass ich selbst mein Zuhause und nirgends mehr zu Haus bin.

PLAN A

Ich will dein Plan A sein,
nicht dein Plan B.
Ich will die erste Wahl sein,
wenn du mich wählst.
Ich will alles oder nichts sein,
nichts dazwischen, denn
was ich mittlerweile weiß, ist,
wer ich bin.
Und wenn du meinen Wert nicht erkennst,
ist das vollkommen okay.
Doch wenn ich nicht dein Plan A bin,
dann auch nicht Plan B.

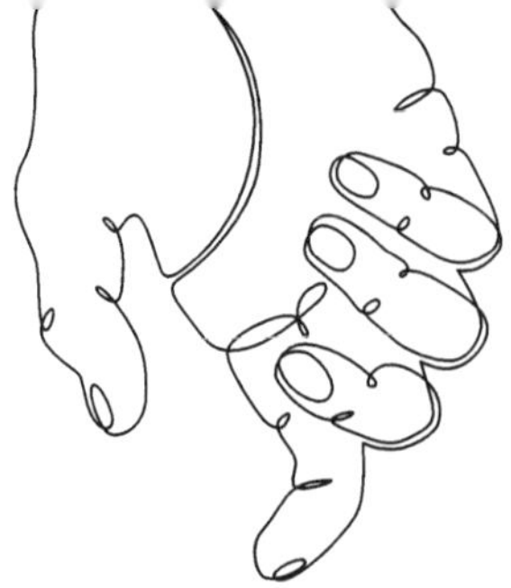

Ich war selbstverständlich für dich.

**Ich glaube, du dachtest, ich würde nicht gehen.
Weil du wusstest, wie sehr ich dich liebe.
Und das war deine Sicherheit, sehr lange Zeit.
Bis ich verstanden habe, dass ich nicht
selbstverständlich bin.**

GEBEN UND NEHMEN

Ich dachte dir Liebe zu geben
reicht aus für mich.
Du dachtest Liebe zu nehmen
reicht aus für dich.
Ich denke,
Liebe nehmen sollte ich,
bevor ich sie jemandem schenke.

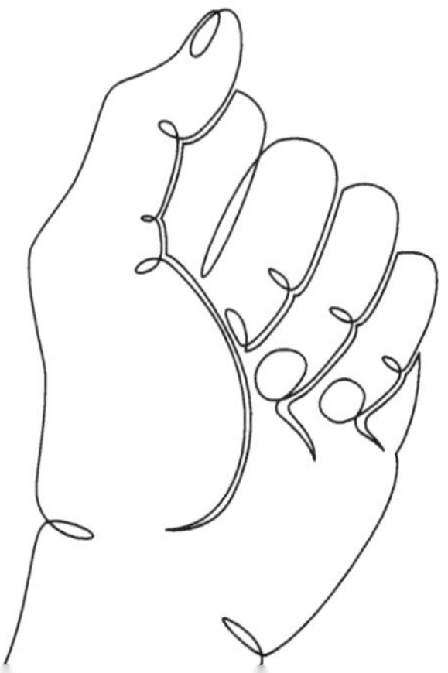

Ich werde diese Zeit niemals vergessen.

Ich war ein gebrochener Mensch.
Alles, woran ich geglaubt habe,
hat nicht mehr existiert.
Der Mensch, der ich war,
mit all seinen Träumen,
hat nicht mehr existiert.
Ich habe niemandem mehr vertraut.
Ich habe aufgehört zu lieben.
Aufgehört mich selbst zu lieben.
Weil ich es in meinen Augen nicht wert war.

Wie traurig muss eine Seele sein,
dass sie davon überzeugt ist,
dass sie keine Liebe verdient?

Bei dem Gedanken daran läuft mir
selbst heute noch ein Schauer über den Rücken.
Aber ich habe es geschafft.
Ich habe es geschafft einen neuen Menschen
aufzubauen. Mit neuen Träumen.
Einen Menschen, der vertrauen kann.
Der lieben kann. Und zwar vor allem sich selbst.

Weil er weiß, dass er wertvoll ist.
So wertvoll, dass er nie wieder glauben wird,
er hätte keine Liebe verdient.

Neue Liebe

Ich wünsche dir jemanden,

der verrückt nach dir ist.
Selbst an deinen schlechtesten Tagen.
Ich wünsche dir jemanden, der dir zeigt,
wie leicht es ist, dich zu lieben.
Der dich keinen einzigen Tag
daran zweifeln lässt.

IRGENDWANN

Irgendwann kommt der Moment,
an dem du feststellst,
dass die Liebe, an der du festhältst,
nicht existiert.
Denn Liebe muss man nicht festhalten,
damit man sie nicht verliert.

JEMANDEN

Finde jemanden,
der deine schlechtesten Seiten
so sehr liebt wie deine besten.
Jemanden, der alles gibt,
dich nicht zu verletzen.
Jemanden, der sein Versprechen
vom ersten Tag an hält
bis zu seinem letzten.

DEINE ART

Heute habe ich von dir erzählt.
Ich habe erzählt von dir und deiner Art.
Deiner Art mich zum Lachen zu bringen.
Von deiner Art mich mit dir selbst zu begeistern.
Von deiner Art mich zu finden,
wenn ich mich verloren habe.
Von deiner Art mich zu erinnern,
wenn ich mich vergessen habe.
Von deiner Art mein Schweigen zu brechen,
wenn mir die Worte fehlen.
Von deiner Art mir zu versprechen,
was ich nicht halten kann.
Von deiner Art mich zu lieben,
wenn ich es selbst nicht schaffe,
habe ich heute erzählt.

Diese Art von Liebe ist anders.
Ich glaube, du kannst sie nur verstehen,
wenn du sie selbst erlebst.
Diese Liebe kann man nicht erklären,

man muss sie fühlen.

UNSERE LIEBE IST ANDERS

Unsere Liebe ist anders.
Unsere Liebe ist nicht laut, sie ist leise.
Wir tragen sie nicht nach außen, sondern in uns.
Sie braucht keine Beweise.

Unsere Liebe ist anders.
Sie lässt keinen Platz für die Schmetterlinge,
die wir irgendwann einmal verloren haben,
weil sie weiß,
dass Schmetterlinge nicht von Dauer sind.

Unsere Liebe ist anders,
denn ihr Für immer
ist kein Versprechen,
es ist ihr Fundament.

Wenn ich mir einen Menschen aussuchen könnte,
mit dem ich alt und grau werde, dann wärst das du.
Weil mit dir selbst alt und grau werden klingt
wie das größte Abenteuer.

MIT ALL SEINER KRAFT

Ich wünsche dir jemanden,
der dein Herz zu schätzen weiß.
Der es mit all seiner Kraft beschützt,
so als wäre es das wertvollste,
was er besitzt.

DURCH MEINE AUGEN

Könntest du dich durch meine Augen sehen,
nur für einen Moment,
dann würdest du sofort verstehen,
wieso mein Herz für dich brennt.

MIT DIR

Mit mir bin ich leicht.
Mit dir bin ich leichter.
Mit dir sag' ich Ja
zu dem, was vorher Vielleicht war.
Mit dir seh' ich klar,
was mir immer gefehlt hat,
obwohl ich es nie vermisst hab'.

ZUHAUSE

Sie haben mich gefragt,
wo ich zu Hause bin.
Ich habe ihnen gesagt,
egal, wohin ich gehe,
solange ich neben dir stehe,
bin ich zu Hause.
Denn mein Zuhause ist bei dir.
Mein Zuhause, das sind wir.

Dich zu lieben, war kein Schicksal.

Es war eine Entscheidung.
Die Entscheidung dich für all das zu lieben,
was du warst, was du jetzt für mich bist
und, was du jemals sein wirst.
So wie du dich entschieden hast,
mich zu lieben für all das, was ich war,
was ich jetzt bin, was ich jemals sein werde.

WENN DU LACHST

Wenn ich dich ansehe,
dann frage ich mich nicht,
wer du bist oder, was du machst.
Wenn ich dich ansehe,
dann denke ich,
du bist schön,
wenn du lachst.

Ich habe keine Schmetterlinge im Bauch.
Mit dir habe ich Frieden im Herzen.

Und das ist so viel mehr wert.

LIEBE IST

Liebe ist nicht, was du sagst.
Liebe ist, was du fühlst.
Liebe ist nicht, was du siehst,
Liebe ist, was du im Herzen spürst.
Liebe ist, was dich von innen berührt.

FÜR DICH

Du warst stark für mich
als ich schwach war.
Du warst da für mich,
wenn ich wach lag.
Und ich verspreche dir,
bist du jemals schwach
und liegst wach in der Nacht,
ich werde da sein für dich.
So wie du für mich.

Ich habe mich nie sicherer gefühlt als an deiner Seite. Weil ich weiß, dass wir gemeinsam alles schaffen können. Und egal, wer sich uns in den Weg stellt, er kann uns nicht aufhalten.

FÜR IMMER HIER

Wenn ich von Liebe rede,
erzähl' ich von dir.
Wenn ich von dir erzähle,
steh' ich neben mir.

Und wenn es nach mir geht,

bleibst du für immer hier.

Schlusswort

Ich werde nicht verhindern können,
dass mich ein Mensch enttäuscht oder verletzt.

Aber ich werde mich selbst nie wieder
aus Liebe zu einem anderen Menschen aufgeben.

Ich werde mich nie wieder zwingen stark zu sein,
wenn ich mich schwach fühle.

Ich werde nie wieder stumm sein,
wenn ich etwas zu sagen habe.

Ich werde nie wieder lachen, wenn ich weinen möchte.

Ich werde nie wieder bleiben, wenn ich gehen will.

Und sollte ich mich jemals wieder verlieren
und vergessen, wie ich mich wiederfinde,
dann werde ich dieses Buch lesen
und mich erinnern.

In Liebe, Melissa

Impressum

Melissa Ebeling
wird vertreten durch:

Verlagshaus Stopfer
Daniel Stopfer
Gutleutstraße 57
60329 Frankfurt am Main

Lektorat: Oliver Erhorn
Cover & Layout: Denise Gahn

ISBN eBook: 978-3-910258-30-3
ISBN Taschenbuch: 978-3-910258-31-0
ISBN Hardcover: 978-3-910258-32-7

www.verlagshaus-stopfer.de

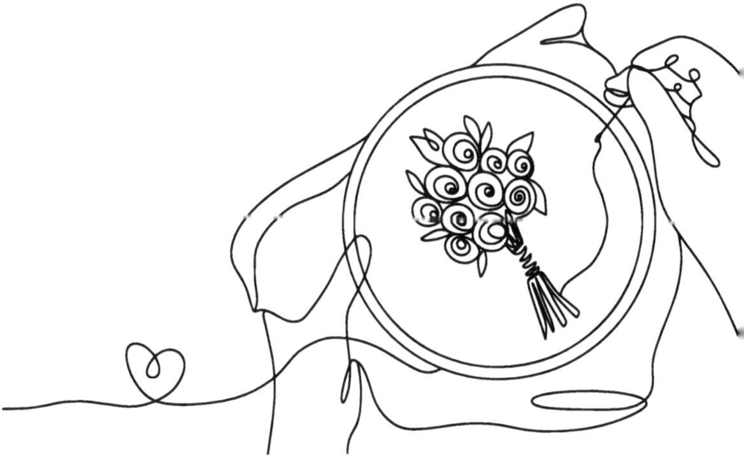